# También garganta el mar

# También garganta el mar

Arturo Dávila

Edición: Pablo de Cuba Soria
© Logotipo de la editorial: Umberto Peña
© Ilustración de cubierta: *Códex Borgia*, lám. 64,
cortesía de Gisèle Díaz
© Arturo Dávila, 2023
Sobre la presente edición: © Casa Vacía, 2023

www.editorialcasavacia.com

casavacia16@gmail.com

Richmond, Virginia

Impreso en USA

ISBN: 978-1-961722-04-0

*corazónmente unido a mi esqueleto*
César Vallejo


*Hay en mi cerebro una gramática dolorosa y brutal*
Vicente Huidobro

# QUASI SONETOS

# La enanostalgia

Otra vez tú pedazo de pescuezo
ronroneando recuerdos
pálida mente triste
acuñando ñoñeces por las calles

Los pajareros nidos tus fantasmas
la puerpuérrima infancia desteñida
dedodulces jardines
perdidos en oníricos submundos

Cesa el rastrero cántico egogólatra
ciego obstinado erizo de burbujas
en el undoso mar de tu ululeo

Abandona la insípido lo lodo
las caries de tus huesos
tu enanostalgia que ya a nadie importa

## Centenario Ballejo

Orangutando ripios
trilcemente contemplo la miel de mis crepúsculos
busco biejo bolber a leer ballejo
gangueando mis memorias de aires mancos

Oh mortal inmortal abuelo de la tribu
celeste capulí de la poesía
por ti oberturan los petreles pardos
y grises coscan moribundos cuzcos

Amarillea la tarde y cancionan los gallos
domésticos del sol nuncios canoros
glisando el peine ante el ocaso calvo

porque furiosamente nos ayudas
con versos bicardiacos
a seguir azulando nuestro caos

# Diccionario espeluznante

*y asombrado el discurso se espeluza*
SOR JUANA

NEFELIBATA insomne ojienjuto
de mi alma fui nefario zurumbático
craneando chirimbolos indomable
y arrebolando arteros fusilazos

Liróforo vagando en la hoploteca
mi arma más temida el baticor
vate yoquepierdista lunancero
viviendo voy con estupor alacre

Soy eternauta envuelto en anhedonia
inane pendolista tarambana
oteando sin sevicia el horiazul

Aúpame crinada musa aquea
y socava tenaz mi filautía
que onicófago expiro sin amor

## Preferencias

Teníamos el mar con sus almohadas
y las perlas goteando del rocío
la amistad de las piedras
y el rubor angelado de las nubes

Hierbas de terciopelo
caderas ondulando bajo el sol
y zagalas y flautas y pastores
el sol el agua el viento el fuego el bien

No fue así preferimos el cemento
el chapopote entre los fierros viejos
la alcahueta la baba lo sarnoso

la vanidad el oropel del odio
el dinero lo sucio la codicia
la guerra y la quijada azul del burro

# Cielo amarillo

Soy mamífero gris fino políglota
transparente y azul burro de barro
vallejeando y corpúsculos pisando
me lezamo en la paz de mis desiertos

Vientos al nerudeo sorjuanesco
gime mi boca giros oliverios
y mis pasos en esta tibia calle
resuenan en los campos de zafiro

Paz se estrella en gorjeos gongorinos
desgarrando aguarrás del deslenguaje
en fresca tempestad de lengua undosa

Se derrite el ocaso entre vocablos
Febo funde en el cielo sus fogatas
y gualda se le eriza la mielena

# Esqueleteando al aire

Fósforo escarbo urbes desdentadas
noches de gas y roncos ruidos raucos
las tempestuosas salas
de mi tan cráneo mármol curvilíneo

Musculeando la vida
canas abuelas padesiendo el ser
palpando el malestar del ser tan humo
y un no sé qué que queda esqueleteando

Mi corazón sin centro loco ondula
palpitandantemente
hasta que huela el oloroso fin

Rondando la infraniebla
olivereando escribo
y roo y roo y roo hasta que la uña huese

## Imperio del verano

Será bueno este junio silenciador del viento
relámpagos de luz estertor amarillo
ojo cíclope arriba
mirándonos oh hormigas del Tibet

El destino con dientes afilados
espeso el tiempo despeinado el sol
trenza aun mis azules sinembargos
hacia infantes jardines vagamundos

Oigo opaco la sangre transcurrida
sintiendo los solsticios de mi ocaso
Oh padre viejo junio rojibarbo

veranea mis huesos
mis avaros ayeres transitorios
y destaza en silencio mis memorias

# ODA ADORADA CHELA

DORADA descensión a mi garganta
purísimo fulgor amado líquido
vertical resbalando hacia la entraña
volviste cristalina a mi memoria

No más esa agua lírica y nerviosa
melancolía entrañable
sequedad que obnubila mi deseo
impuesta por mí mismo en el pasado

Cuántas veces morí por tu frescura
cerveza amarga y negra y misteriosa
dulce para quien la salud conoce

Bajo un sol cenital solo y sin agua
vuelvo a pensar en ti del alma amiga
en tu luz en tu espuma en tu fragancia

## Optimisma luna

Soy optimista y canto a mi fracaso
coxis laxo destuerzo el aire duro
exsibarita arcaico soñador
siéntome a caminar entre mis huesos

En un febrero púrpura he nacido
nipopoyotsij yo ciego ambulante
a enturbiar el asombro de mis padres
en un golpe de dados mal cifrado

He venido y me voy sin más relámpagos
encebollado trueco mis palabras
de furias y de penas enlodado

Canto a mi madre cana entre tinieblas
la luna hueso blanco en el Empíreo
balanceando mis noches en su hielo

# Aztekeando entre códices

*los dioses hundidos entre la piedra, el*
*carbunclo y la doncella*
José Lezama Lima

CRANEO en los museos de cristal
aztekeando entre códices insomne
el meollo del abismo el hoyo mismo
el hueso secular el ueuej omitl

La noche de los lagos desecados
azul en la memoria Tetsikoko
la junta de las tribus derrotadas
hoy hormiguero descendiendo al *metro*

Rostro moreno historia desangrada
cuchillo de obsidiana en las entrañas
mexicaneando entre nostalgias patrias

Oh Dulce Matria no levantas ala
desgarrado colmillo entre tinieblas
silencio oscuro u oscuro silencio

# Reflexión

No es la tristeza ni el dolor profundo
sino la incomprensión el no saber por qué
y como en gris neblina como en sueños
la vida ya se fue

Si la vejez nos da sabiduría
yo daría mis días por saber
mas pienso y pienso y pienso y no lo sé
y no sabré el por qué mi padeser

«Dios da y Dios quita» me dijo un imán
del *souk* de Fez al norte de Marruecos
ciudad azul sagrada

donde viví morí y resucité
allí quedó el secreto
de lo que soy de lo que fui y seré

# Rosario Dosamantes

Se destilan se fluyen se atorrentan
se aborregan se aúpan se aventanan
se ululean se almíbar se naufragan
se obnubilan se enmielan se arcoiris

se constelan se fraguan se enjardinan
se enhiestan se florean se luciérnagan
se esmeraldan se pulpan se entrecejan
se mastican se orugan se espejean

se erizan se rastrojan se obsidianan
se anochan se triciclan se deshuesan
se estrujan se ensalivan se esqueletan

se corazonan se eternamentean
se resurrectan se moribundean
se reescriben se prosan se poeman

# Mektoub

*Perro del infinito trotando
entre astros muertos*
VICENTE HUIDOBRO

DESABUELADO VOY por el camino
patriarca no tan sólo hijo del aire
y a Dios yo le pregunto sin desgaire
quién eligió quién me donó el destino

Nadie es culpable de mis desatinos
cáscara yo de errores y desaires
oh bóveda celeste de alboaire
alzo los ojos y me recrimino

El tigre tiempo roe mis entrañas
nadie me hechiza ni me desengaña
desciframos la vida ya al final de la vida

Hindsight palabra inútil que repito
pues no hay nada que hacer *y yo me iré. . .*
y un perro callejero ladrará al infinito

## La noche está estelada

La pálida resaca el momentáneo ombligo
a qué viene tanta ola en ultramar
si aquí nomás estamos ululando
y tiritan azules las estrellas

No nerudees me dicen las sirenas
aunque tu canto esté desesperado
átate al mástil tú Où Tis don Nadie
y amárrate los huesos al dolor

Eliotiando mis versos
tieso como un paciente eterizado
no hay miguelángel ni crepúsculo que valga

La miel se me ha anegado
y giran los planetas
mientras voces humanas suenan y yo me ahogo

## Suave sería el labio de mi musa

Ronco ganglio gorjeo de mi garganta
gangosos los jilgueros de mi voz
euros extraños ventilan mis orientes
alvéolos tibios de mi corazón

Suave sería el labio de mi musa
el viento delicado el mar sedoso
mas hoscos topos ob
nubilan mi visión

Dejo el arpa la lira los timbales
la pompa y circunstancia
y mi trombón tenor

Hoy muere el rosicler
y erizan las tinieblas
el canto triste de mi ruiseñor

# Porque toda la noche
# llovió sobre nosotros

*yuh ce youal in topā quiauh*
*uan nochi youali topanuestski atl*
(y toda la noche llovió sobre nostros)
ANALES DE TLALTELOLCO

LOS TEMPLOS han caído el copal se esfumó
rompieron los anillos de la serpiente alada
nunca más la turquesa nunca más chalchihuites
nunca más los penachos de quetzal

A to Nana Koatlikue le sajaron los senos
al joven Huichilobos lo dotaron de cuernos
Teskatlilpoka yace herido y tuerto
ha huido Ketsalkoatl se secaron los lagos

Comimos cal y salitre y gusanos
mascamos las raíces de los árboles
nada nos defendió contra la soledad

Ésta fue nuestra suerte éste nuestro destino
ya murieron los dioses ya murieron las diosas
porque toda la historia llovió sobre nosotros

*8/13/2021*

# ÍCARO DERRIBADO EN HUESOS

LA DUCHA cae cascada de ala fina
y el jabón es un pez que se resbala
respiro el aleteo de mil poros
dispuesto a navegar el cielo entero

Mis piernas son dos naves ambulantes
turbinas de motor son los tobillos
miles de estrellas luciérnagas vivas
vestidas de mujer ojos me esperan

Mas ciego en yemas de oro vivo sol
derrite a mi Ícaro de fantasía
tirado al fin en caldo artero asfalto

Ahora vivo blandiendo mi esqueleto
en esta Tierra sementerio urbano
convertido en cadáver exquisito

## Por competir con tu resuello

*¿Por qué me torque bárbara tan mente?*
Lope de Vega

Tuércele el cisne cuéllale hasta el tronquio
para que sólo quede la erosión
mientras por competir con tu resuello
ojo jazmín y viola son tronchados

Oh peregrino de las olas breves
leva la vela otea el más allá
retrueca tus vocablos continentes
que corra lengua el río hasta sangrar

Adumbra tu perfil quema la quilla
dulce bardo esqueleto cantautor
desciende hasta tus huesos para lelos

almohada tus recuerdos
exprime hasta la glotis
también garganta el mar

## Se eleva el viento

Oh maligna broncoespasmado estoy
de necrosis sufriendo mis tejidos
tu desamor corroe mis entrañas
infestadas de ensueños y embelecos

Voy como aquél tan fuera de la vida
doctorado plumífero beodo
que se conduce solo por maestría
y pareciera hecho de piedra o lana

Navego el éter sin tener oxígeno
con el sistema límbico atrofiado
y crudo el corazón alza banderas

Duros los calcañares todavía
salgo al aire aferrado hueso y uñas
se eleva el viento hay que sobremorir

## El políGloto

No importa el más allá si el más acá
gira también perhaps hacia la Nada
y tanmateix detrás de mis desvelos
se erige el ala aleve de mon rève

Maybe mañana cantará der Tod
ist gross la dulce flauta de mis huesos
mikistli púrpura mi sangre altiva
se elevará hacia el Éter sans douleur

Oh Adonai recibe mis despojos
et pardonne el aliento de mi blues
que gime tan lontano per mia vita

Será a sombra que siempre m'acompanha
pues plor e vou cantan since I was born
porque no espero di tornar giammai

# ASEXTINAS

# EL VALOR DE LOS ABALORIOS

*Por el Sahara azul de la Substancia*
*camina un verso gris, un dromedario.*
CÉSAR VALLEJO

LAS CUENTAS de la vida se hacen claras
en el diedro final de las esquinas
qué invisible el enigma de la aguja
hasta que a fuego lento lo traspasa
un dromedario gris triste trotando
que alumbra arena fina del pasado.

Un dromedario alumbra en el pasado
invisible su arena en cuentas claras
pasa en un diedro gris triste trotando
a fuego lento fino en las esquinas
cuánta lumbre que en vida se traspasa
hoy confunde el enigma de la aguja.

Con qué dulzura se clava la aguja
dromedario de cuentas del pasado
diedro de lumbre gris que me traspasa
fuego lento invisible en manchas claras
de este sueño de arena en las esquinas
tan enigma final triste trotando.

Lumbre invisible va triste trotando
fuego lento fatal clava la aguja
y el enigma dormido en las esquinas
pule al gris dromedario del pasado
en el diedro que sueña en cuentas claras
donde la arena fina lo traspasa.

Dromedario invisible lo traspasa
dulcenente en su gris triste trotando
diedro final dormido en cuentas claras
lumbre de vida que clava su aguja
y a fuego lento sueña en el pasado
fino enigma de arena en las esquinas.

Soñando a fuego lento en las esquinas
pule la lumbre fina y la traspasa
el diedro dromedario del pasado
invisible final triste trotando
enigma dulce y gris clava su aguja
duerme la vida con las cuentas claras.

Se hacen claras las cuentas sin esquinas
y aguja el dromedario que traspasa
triste trotando gris desde el pasado.

# A la luz de un poema naufragando

*En mi cabeza cada cabello piensa otra cosa.*
Vicente Huidobro

Escribo con la tinta de la aurora
la voz que me dolía como sangre
Yo ojo el paisaje pastor de palabras
solo como una nota que florece
y el espacio se quiebra en una herida
a la sombra de un árbol naufragando.

A la tinta de un libro naufragando
bajo el árbol de sombras de la aurora
yo deshojo el paisaje de la herida
y el dolor que cascada como sangre
mi cabellera es árbol que florece
pastoreando la luz de las palabras.

Descifrando el paisaje de palabras
yo pastor de las sombras naufragando
mi noche es cabellera que florece
peinando la cascada de la aurora
y el dolor de mi voz es como sangre
escribiendo la luz de mis heridas.

A la luz del paisaje de la herida
peino mi cabellera de palabras
cascadas floreciendo como sangre
en paisajes de sombras naufragando
yo remojo la tinta de la aurora
pastoreando las voces que florecen.

Con la voz del paisaje que florece
escribo la cascada de mi herida
yo ojo pastor de espacios y de auroras
peino de luz la flor de las palabras
la sombra que se quiebra naufragando
en dolores de tinta como sangre.

La sombra que se quiebra como sangre
pastorea la tinta que florece
yo peino cabelleras naufragando
a la luz del espacio de mi herida
pinto voces cascadas de palabras
y el paisaje de tinta de la aurora.

La sangre que se quiebra en una herida
florece en el paisaje de palabras
con la voz de la aurora naufragando.

# MANANTIAL DE MIGRACIONES

*From the sky thousands of stars look down on us*

J. M. Coetzee

## Nueva cruzada

Puedo escribir los versos más tigres esta noche.
Escribir por ejemplo:

En el desierto rojo
el sol sangra en la frente.

Nevaban los coyotes.

Entre piedras y cactus
violaron a una estrella.

Bufan búfalos pardos.

El inmigrante alambre
quemó todos sus puentes.

Luchó vs la muerte
pero perdió la máscara.

Cuando cruzas el muro
el río es un cementerio

donde habita el olvido
y tiritan azules los fantasmas.

## Asalto al muro

De pie, con el recuerdo de tus ojos,
frente al muro, sostengo mi esqueleto,
espinas en el corazón inquieto,
desierto, frío y calor, penas y abrojos.

Brinco, dejando atrás tristes despojos,
tu mirada, colgada de amuleto,
tus caricias: mi escudo, mi secreto,
mi sol, en lo alto, con tus rayos rojos.

Me ventilan tus labios del peligro,
fresca fuente de miel contra la sal,
evocando tu luz construyo un fuerte.

No estoy cruzando, yo sólo transmigro,
dame tu fuego, líbrame del mal,
que tu amor me resguarde de la muerte.

## Muerte cubista en el desierto

Hay que anotarlo porque ya no existe
das ewig Weibliche fue destazada
gris feneció el esclarecido labio
y queda el grito verde el hueso leso.

La distancia se aúpa con los siglos
al viento sosegado vuelto párpado
los senos dulces ahora carne cruda
y un pedazo de codo en el camino.

El calcio florecido en el desierto
es tumba niña abuela viuda madre
un turbio espectro de riñón un hígado

unos ojos morenos ya canicas
que congelados en un hospital
esperan a su adinerada dueña.

## Flores blancas para un tráiler

Habrase visto el lodo lo terráqueo
el aire agazapado en el silencio,
un tráiler tremebundo con candado
la asfixia de los lobos del desierto.

Calor en el Miktlán al rojo vivo
muerta de hierro la Calaca danza
el labio dulce ahora endurecido
y un ojo amoratado a medias tintas.

Cruzar es una lid de pocos pelos,
morir por una punta de billetes
el sueño verde de ir al otro lado.

El hic et nunc se ha vuelto el más allá.
El chófer se tendió entre los cadáveres
reconocido por su lengua negra.

## CRUZ EN EL CAMINO

TIBIO, frente a la sombra de tus labios,
pestañeando, planeo, semiduermo,
blanda se eleva mi columna espada
cuando me aliento a no pisar el suelo.

Salté, colgado de mi asombro gris,
incendiado, bisagra entre dos mundos,
tomando entre los dedos tus rescoldos
cono escudo fugaz contra la muerte.

Palpé, sin miedo, tu talón suavísimo,
y herí el aire con un beso airado
que hoy me entierra en la tierra del destierro.

Sobreviven mis huesos del exilio,
sol panal púrpura que emana sal
desbordando su piel sobre mi cruz.

# Huehuesos

Ecos de huesos qué huecos tan frescos
tan lejos tan espesos tan estrechos
pellejos secos en deshechos lechos
de esqueletos tan tersos

Qué huecos tan estrechos de pellejos
destellos secos de maltrechos huesos
ecos presos espectros tan espesos
de esqueletos tan tiesos

Ecos desechos de pellejos huecos
tan frescos lechos tan reflejos secos
de esqueletos tan presos

Qué lejos esos ecos
tan secos huesos muertos
de esqueletos sin lecho

# Mirage

Tejidos de agua clara
entramos en el mar.

Abrazando la espuma
en baile de blancura.

Acariciamos olas
bebiendo sol y sal.

Soñamos con sirenas
cantando entre la arena.

Desnudos y totales
hasta romper el tiempo.

Nos despertaron tristes
bruscas voces humanas.

Todo se derrumbó
y nos cayó la Migra.

## Namaskar: saludo


Saludo al tigre sol
paseando por mi jaula terrenal.

Sus ojos amarillos me deslumbran,
relámpagos de fuego,
brasas que abrazan con licor celeste
mi palmera morena:

mi pobre piel efímera.

# EL POETA DECLARA SU ANIMALÍA

## Zooneto

Toro aprendo y delfín del universo
me araña un alce la virtud trapecio,
¿qué pulpo necesita este don necio
pues hormiga en cantar en tinta inmerso?

Can oso el corazón lince disperso,
coyote de aceptar mandril desprecio;
hoy burro a mi cabeza águila precio
y abejo ante tus pies pingüino verso.

Mas caballo esta espuma de perico,
y me lobo la lengua buey pedazos
de oruga triste, tigre y arrogancia.

Buitremente mi tiburón mastico
y cisne en vanidad quedan retazos
que rastrojo sin león con elegancia.

## ¡AY DE LA PINCHE VIDA!
## (CON SU PINCHE ESTRAMBOTE)

¡AY DE LA PINCHE vida! ya nadie me responde
tras tantos pinches años como he pinche vivido.
Pinche sol, pinche luna, qué pinche mi fortuna,
y al final del camino, pura pinche locura.

Pinches endecasílabos, yo no les pinche hallo,
y siempre me resultan pinches alejandrinos.
El pinche ayer se fue; mañana no ha llegado;
el hoy se va bien pinche, sin parar ni un segundo.

Cómo huye el pinche tiempo. . . irremediablemente.
Y soy un pinche *fue*, y un pinche *será*,
y un pinche es cansado.

Todo es pinches pañales o funerales pinches,
y todo esto tan pinche, pinchemente termina.
Y pinche tú, poeta, que naciste encuerado.

Así de pinche acaba este pinche soneto,
y me pinché ya un dedo,
de tanto andar pinchando.

# Barro & Burro

Me llamo burro, aunque me llame Arturo
burro de profesión, de barro asnino
cometiendo burradas, desatinos,
con pezuña de burro al barro apuro.

De muladar en muladar procuro
encontrar otro barro, otro destino,
mas me embarro y me emburro en el camino
porque el tiempo enlodó mi barro oscuro.

Burro en vano me invisto de poeta,
tejiendo ripios, burras sinrazones,
versos como diamantes enlodados.

Del fiero Amor espero la saeta,
profiriendo rebuznos sincopados,
sapos como convulsos corazones.

# Notas

En este libro hay múltiples ecos y referencias. Seguimos al Neobarroco como estética primordial. Valgan algunas coordenadas sobre los poemas.

Los "Quasi sonetos" contienen versos heptasílabos, endecasílabos y alejandrinos. Así se alejan del soneto clásico y adquieren, me parece, una soltura distinta. "Esqueleteando el aire" proviene de un verso de Oliverio Girondo. "Rosario Dosamantes" le da un giro de tuerca a otro poema del argentino. "Suave sería el labio de mi musa" es el endecasílabo inicial de "Recuerdos de amor" de Juan Bautista Arriaza, poeta prerromántico español, hoy poco visitado.

Las "Asextinas" continúan la tradición provenzal, vía Uncle Ez, respetando los intrincados esquemas de rima. Recuerdan versos de César Vallejo y de Vicente Huidobro, artífices mayores de la vanguardia latinoamericana.

"Manantial de migraciones" toma su nombre de un verso de Mario Santiago Papasquiaro en "El zaguán de las nubes". Esta sección responde al tema de la migración —*migritude*— que registra a millones de seres humanos desplazados *urbi et orbi*. Al evocar a esos migrantes, pienso en "le dur désir de durer", frase de Paul Éluard escrita en otras circunstancias. Aquí, nos referimos a la frontera México-USA, una de las la más recurridas.

"El poeta declara su animalía" parafrasea un título de Jorge Luis Borges. Los textos expresan la idea del "nahual" prehispánico, ese animal que todos llevamos adentro. "¡Ay de la pinche vida! (con su pinche estrambote)" refleja el célebre soneto de Quevedo y el estrambote de Cervantes. Un artículo de José Emilio Pacheco. «Pinche, la palabra más autóctona de México». *El País*, 26 de enero de 2014, me inspiró a insertarle al soneto ese enigmático vocablo mexicano. El término no siempre es peyorativo; por ejemplo: «Hace un pinche calorcito muy a gusto» o «¡qué pinche golazo!».

"Burro & Barro" intenta una variación sobre un poema de Miguel Hernández.

***

El lector/a avezado encontrará destellos de muchos otros poetas. Sin ser "una casa de citas", esta colección rinde homenaje a autores que leo, releo, y me acompañan desde hace mucho tiempo. Gracias/Tlaskamati. ADS.

*Reliquum est silentium*

## Sobre este libro

Pocos entre los poetas vivos saben cómo hacer de la poesía pensada para las ideas del lenguaje una fiesta fabulosa de alteración de la aliteración. Arturo Dávila es uno de los pocos. En tiempos cuando a Luis de Góngora y Argote nadie le presta atención —con eso está todo dicho— el residente de California ha venido construyendo a lo largo de los años recientes una escritura autónoma como estado independiente ('sin parangón', solía decirse), incomparable en sus objetivos, en sus cuentas pendientes, aferrada con uñas y dientes a su decir sabelotodo nunca alborotado, únicamente de aquellas realidades que a las palabras reunidas por el azar racional de la sintaxis les interesa. Aunque hable bajito, lo inaccesible nunca resulta accesorio. Al desviarse una y otra vez, y todas las que sea necesario, de lo que al raciocinio hace rato dejó de importarle, destacan en primer plano del lenguaje los destellos en que el instante entra en contacto con un tiempo a todas luces inexistente, que no es más ni menos que el del habla haciéndose entender mediante la prosodia y la cadencia. Dueñas de una singular verdad a distancia, en su libertinaje las palabras van a la rapidez del tiempo de una época velocísima. En ese *dolce far niente* inevitable que arrasa a las primeras de cambio las expectativas de la certidumbre —ni una queda en pie—, el poema se convierte por derecho propio en máquina autista de decires anticipatorios, relato apabullante contra el relato y la sumisión de las expectativas, narrar de una historia incontable, exquisito driblin a las apariencias que la interpretación en principio daba por hecho, por más que aquí no los haya: porque no hay hechos, sino puros actos de la imaginación del lenguaje a punto de ser consagrados por el goce de solo tenerlos presentes, cuando el presente del idioma es lo único que cuenta por ser capaz de salvar a lo que sin discriminación viene en camino. Viene y va para permanecer. «Gran parte de la existencia humana transcurre en un estado en el que el uso del lenguaje de vigilia, la gramática estereotipada y la trama continuada no pueden trasmitir», le dijo James Joyce a su protectora y mecenas, Harriet Shaw Weaver. A la minoritaria tribu de alternativos e innovadores, para quienes la poesía debe ser invención constante de radicalidades, maniobra de lo discontinuo nómada, no menos que eso, y que tiene hoy en día de factótums en actividad a la emperatriz neobarroca Carmen Berenguer, Marcia Mogro, Mario Arteca, Gabriel Jaime Caro, Elbio Chitaro, Pablo de Cuba Soria, Simón Villalobos, Juan Manuel Silva Barandica, entre los muy escasísimos de la parte hispana de América, se suma ahora al campo de batalla la voz mexica de Dávila. En verdad, ya se había sumado, solo que este libro confirma su inobjetable actualidad.

EDUARDO ESPINA

# Índice

# Últimos títulos publicados por *Casa Vacía*

MARGARITA PINTADO
*Simultánea, la marea*
(poesía)

PABLO DE CUBA SORIA
*Rue de Rome*
(poesía)

SOLEIDA RÍOS
*Libro cero*
(prosa poética)

JOSÉ LUIS SERRANO
*Trilogía Acéfala*
(poesía)

REINALDO ARENAS
*Libro de Arenas*
(miscelánea)

ROBERTO MÉNDEZ MARTÍNEZ
*Música nocturna para un hereje*
(novela)

MICHAEL H. MIRANDA
*Venecia inactual*
(diario de viaje)

ROGER SANTIVÁÑEZ (comp.)
*Poesía: Relámpago maravilloso*
(poesía)

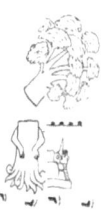

*Códice Boturini,* lámina 3

*También garganta el mar* de Arturo Dávila
se terminó de imprimir en 2023.

*Reliquum est silentium*

www.ingramcontent.com/pod-product-compliance
Lightning Source LLC
Chambersburg PA
CBHW050834180626
46814CB00004B/1623